BEI GRIN MACHT SICH IHR WISSEN BEZAHLT

Trainingslehre: Ausdauertraining und Gewichtsreduktion

Nancy Schrottge

Bibliografische Information der Deutschen Nationalbibliothek:

Die Deutsche Nationalbibliothek verzeichnet diese Publikation in der Deutschen Nationalbibliografie; detaillierte bibliografische Daten sind im Internet über http://dnb.d-nb.de abrufbar.

ISBN: 9783346672759
Dieses Buch ist auch als E-Book erhältlich.

© GRIN Publishing GmbH
Nymphenburger Straße 86
80636 München

Druck und Bindung: Books on Demand GmbH, Norderstedt Germany
Gedruckt auf säurefreiem Papier aus verantwortungsvollen Quellen

Das Buch bei GRIN: https://www.grin.com/document/1245090

Deutsche Hochschule für
Prävention und Gesundheitsmanagement
Hermann Neuberger Sportschule 3
66123 Saarbrücken

Einsendeaufgabe

Fachmodul: Trainingslehre II

Studiengang: BGM

Datum
Präsenzphase: 26.10.-28.10.2020

Name, Vorname: Schrottge, Nancy

Studienort: **Stuttgart**

Semester: **WS19**

Inhaltsverzeichnis

1 Diagnose

1.1 Allgemeine und biometrische Daten

Die folgende Tabelle zeigt die allgemeinen biometrischen Daten der Testperson, bewertet durch wissenschaftliche Normwerte.

Tabelle 1: Allgemeine biometrische Daten des Probanden (eigene Darstellung)

Allgemeine / biometrische Daten	Ist-Wert	Soll-Wert / Norm
Alter	40 Jahre	-
Geschlecht	Männlich	-
Körpergröße	170 cm	-
Körpergewicht	78 kg	BMI: 27 kg/m ^{2} Ein BMI über 25 kg/m² bedeutet laut WHO „Übergewicht" (WHO, 2008)
Trainingsmotive	Ausdauer verbessern, Abnehmen	-
Berufliche Tätigkeit	Beamter	-
Aktuelle und frühere sportliche Aktivitäten (Leistungsstufe und Trainingsumfang)	1x die Woche Spazieren für 45min, kein Ausdauersport seit 5 Jahren betrieben Früher Fußball gespielt 2x in der Woche für 1 ½h	-
Zeitlicher Verfügungsrahmen	3x in der Woche 45min	-
Blutdruck in mmHg	144/80	Normal: 120-129 / 80-84 Bluthochdruck Grad 1: 140–159 / 90–99 (Mancia, et al., 2007)
Ruhepuls	78 Schläge pro Minute (gemessen über 3-5 Tage direkt nach dem Aufwachen)	Normal: 60-80 S/min
Allgemeiner Gesundheitszustand und gesundheitliche Einschränkungen	Der Proband hat keine Vorerkrankungen (weder orthopädisch noch internistisch) und	-

3/16

Allgemeine / biometrische Daten	Ist-Wert	Soll-Wert / Norm
	nimmt keine Medikamente ein. Der Proband hat eine ausschließlich sitzende Tätigkeit und soll auf Anraten seines Arztes ein Fitnesstraining aufnehmen, um seinen Gesundheitszustand zu verbessern.	

1.2 Leistungsdiagnostik/Ausdauertestung

Im Folgenden Kapitel wird der WHO-Ausdauertest auf dem Fahrradergometer mit dem Probanden durchgeführt.

1.2.1 Begründung der Test-Auswahl

Für den Probanden habe ich den WHO-Test ausgewählt, da dieser für das Messen der Herz-Kreislauf-Leistungsfähigkeit von leistungsschwachen Personen entwickelt wurde, in welche Leistungsstufe ich den Probanden anhand der Diagnosedaten einordne. Die Testergebnisse sind exakt dosierbar und das Fahrrad birgt wenige Risiken (z.B. Fehlbelastung). Der Proband geht einmal wöchentlich spazieren und ist sonst nicht sportlich aktiv, daher wäre der Hollmann- und Venrath-Test eine zu hohe Belastung, zumal die Pulsobergrenze bei 135 S/min liegt (siehe Tabelle 2) und für den Hollmann-Venrath-Test eine Belastbarkeit von mindestens 150 Watt notwendig ist, was dem Probanden aufgrund der Diagnosedaten nicht zugetraut wird.

1.2.2 Testverlauf

Folgende zwei Tabellen zeigen Testrelevante Parameter, Testkriterien und den Testverlauf.

Tabelle 2: Testrelevante Parameter/ Leistungsdiagnostik (eigene Darstellung)

Geschlecht	Männlich
Alter	40
Gewicht	170cm

Größe	78kg
Ruhepuls	78 S/min
Trainingszustand	Untrainiert (seit 5 Jahren kein Sport mehr)
Zielherzfrequenz/ Pulsobergrenze (IPN)	135 S/min (kein Zuschlag, da seit fünf Jahren kein Ausdauertraining betrieben wurde)

Tabelle 3: Testkriterien/Verlauf (eigene Darstellung)

Testform	Submaximale Belastung, Stufentest
Stufendauer	2 min
Belastungssteige-rung	25 Watt
Eingangsbelastung	25 Watt
Trittfrequenz	Ca. 60-80 U/min
Testgerät	Fahrradergometer
Abbruchkriterien	-auffallende Veränderung Blutdruck -Subjektive Beschwerden -Erreichen der Zielherzfrequenz

Die Eingangsbelastung des Tests lag bei 25 Watt und wurde alle zwei Minuten um 25 Watt gesteigert. Nach jeder Minute wurde die Herzfrequenz des Probanden gemessen und in das Testprotokoll (Tabelle 4) eingetragen. Bei erreichen der definierten Pulsobergrenze stoppte das Steigern der Wattleistung (sofern kein vorzeitiger Abbruch notwendg war). Die bis dahin erreichte Belastungsstufe wurde bis zum Ende durchfahren (zwei Minuten). Anschließend wurde der Test beendet und die Wattleistung der zuletzt vollständigen durchfahrenen Stufe diente als Testgröße. Das Ergebnis wurde anhand von Normwerten für das Geschlecht und Alter des Probanden ausgewertet.

1.2.3 Testprotokoll

Tabelle 4: Testprotokoll (eigene Darstellung)

Eingangs-test	Datum: 31.10.2020		
Zeit (min)	Watt	Hf 1 (S/min)	Hf 2 (S/min)	Hf 3 (S/min)
0-2	25	80	100	-
2-4	50	113	120	-
4-6	75	125	130	-
6-8	100	133	135	-

Eingangs- test	Datum: 31.10.2020			
8-10	-	-	-	-
Watt ge- samt	100 W			
Watt/Kg	1,28			
Bewertung n. Normta- belle	Unter Durchschnitt			

1.2.4 Auswertung

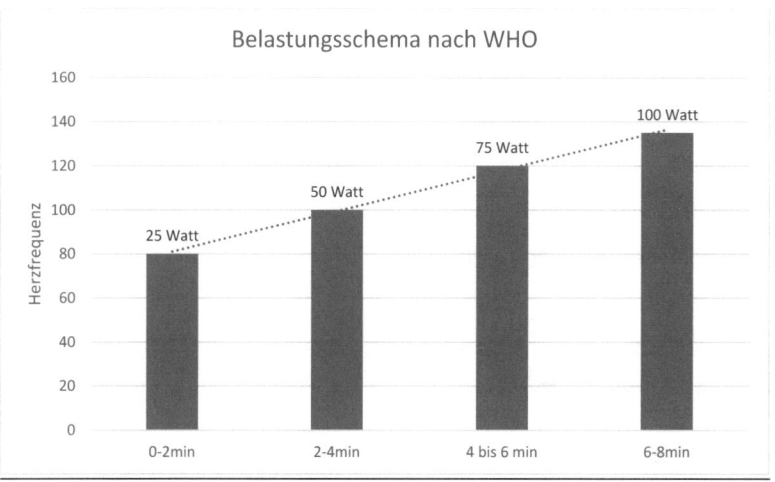

Abbildung 1: Testverlauf (eigene Darstellung)

In Abb 1 ist der Testverlauf des Probanden dargestellt. Der Proband hat vier Belastungs-
stufen (bis 100 Watt) komplett durchfahren. Auf der vierten Stufe (100 Watt) hat er nach
der achten Testminute die definierte Pulsobergrenze (nach IPN) von 135 S/min erreicht
und der Test wurde schließlich beendet, da kein Zuschlag erlaubt war. Die Gesamtleis-
tung des Probanden liegt also bei 100 Watt (Zeitinterpoliert: die vierte Stufe wurde komplett durchfahren: 75 Watt+25 Watt=100Watt). Für die Bewertung, muss die relative
Wattleistung berechnet werden. Diese beträgt 1,28 Watt/kg Körpergewicht
(100Watt:78kg). Vergleicht man die Leistung mit der Normtabelle von IPN für eine 40-

jährigen männliche Person, ergibt sich für den Proband eine unterdurchschnittliche Aus-
dauerleistungsfähigkeit (IPN, 2004, S. 8). Der Re-Test sollte für einen unverfälschten
Vergleich wieder auf dem Fahrrad durchgeführt werden.

1.3 Gesundheits- und Leistungsstatus der Person

Im Hinblick auf den Gesundheitsstatus des Probanden sind keine Kontraindikationen für
ein Ausdauertraining erkennbar. Der Blutdruck ist zwar erhöht, aber solange der Proband
auf die Trainingsherzfrequenz während dem Training achtet, stellt dies kein Problem dar.
In Bezug auf den BMI ist ein Übergewicht vorhanden, dass auch keine Kontraindikation
darstellt, aber reduziert werden sollte. Bei der Trainierbarkeit ist der Proband als „Anfänger" einzustufen, da er seit fünf Jahren keinen Ausdauersport mehr betrieben hat uns sonst
auch nicht sportlich aktiv ist. Deshalb sollten zu Beginn die Trainingseinheiten nicht zu
lang sein, und Ausdauergeräte gewählt werden, auf denen der Proband sich wohlfühlt und
nicht zu komplex sind, wie zum Beispiel das Fahrrad. Demnach kommen zu Beginn die
Extensive und Intensive Dauermethode in Frage.

2 Zielsetzung/Prognose

Folgende Tabelle zeigt drei zu erreichende Ziele auf Basis der Diagnosedaten mit Inhalt,
Ausmaß und Zeit.

Tabelle 5: Zielsetzung (eigene Darstellung)

Inhalt	Ausmaß	Zeit
Gewichtsreduktion	5kg	5 Monate
Senkung Blutdruck	Senkung um ca. 5-10mmHg systolisch	4 Monate
Steigerung der Wattleistung im WHO-Ausdauertest	Um 15%	6 Wochen

3 Trainingsplanung Mesozyklus

3.1 Grobplanung Mesozyklus

Folgende Tabelle zeigt die Grobplanung des Mesozyklus in den ersten sechs Wochen.

Tabelle 6: Grobplanung des Mesozyklus (eigene Darstellung)

Mesozyklus	
Dauer	6 Wochen
Trainingsziel	Regelmäßiges Training Aufbau der Grundlagenausdauer (GA1) Entwicklung der Grundlagenausdauer (GA2)
Gesamttrainingsumfang/ **Woche in Minuten bzw.** **Stunden**	85 min-110 min pro Woche
Trainingsmethoden	Extensive Dauermethode REKOM Extensive Dauermethode Intensive Dauermethode Variable Dauermethode
Belastungsintensität	50-60% Hfmax (extensive DM REKOM) 60-75% Hfmax (extensive DM) 75-85%% Hfmax(intensive DM) 60-85% Hfmax (Variable DM)
Trainingshäufigkeit/Woche	2-3-mal pro Woche
Dauer pro TE	25-40 min ExDM REKOM regenerativ 25-40 min ExDM 20-35 min InDM 20-25 min VarDM
Trainingsgeräte	Laufband, Fahrrad, Stepper

3.2 Detailplanung Mesozyklus

Folgende Tabellen zeigen die Detailplanung mit Trainingsziel, Trainingsmethode, Trainingsintensität, Trainingsdauer und Trainingsgerät des Mesozyklus von Woche eins bis Woche sechs.

Tabelle 7: Detailplanung Mesozyklus Woche 1 (eigene Darstellung)

Woche 1	Mo	Mi
Trainingsziel	GA1	GA1
Tr.-Methode	ExDM	ExDm
Tr.-Intensität	60-75% Hfmax	60-75% Hfmax
Berechnete Herzfre- **quenz (Karvonen-For-** **mel)**	Pulsobergrenze: 154S/min Pulsuntergrenze: 139S/min	Pulsobergrenze: 154S/min Pulsuntergrenze: 139S/min
Tr.-Dauer	25min	30min
Tr.-Gerät	Fahrrad	Fahrrad

Tabelle 8: Detailplanung Mesozyklus Woche 2 (eigene Darstellung)

Woche 2	Mo	Mi
Trainingsziel	GA1	GA1
Tr.-Methode	ExDM	ExDM
Tr.-Intensität	60-75% Hfmax	60-75% Hfmax
Berechnete Herzfrequenz (Karvonen-Formel)	Pulsobergrenze: 154S/min Pulsuntergrenze: 139S/min	Pulsobergrenze: 154S/min Pulsuntergrenze: 139S/min
Tr.-Dauer	25min	30min
Tr.-Gerät	Laufband	Fahrrad

Tabelle 9: Detailplanung Mesozyklus Woche 3 (eigene Darstellung)

Woche 3	Mo	Mi	Fr
Trainingsziel	GA1	GA2	GA1
Tr.-Methode	ExDM	InDM	ExDM
Tr.-Intensität	60-75%Hfmax	75-85% Hfmax	60-75%Hfmax
Berechnete Herzfrequenz (Karvonen-Formel)	Pulsobergrenze: 154S/min Pulsuntergrenze: 139S/min	Pulsobergrenze: 164 S/min Pulsuntergrenze: 154S/min	Pulsobergrenze: 154S/min Pulsuntergrenze: 139S/min
Tr.-Dauer	25min	30min	30min
Tr.-Gerät	Stepper	Laufband	Fahrrad

Tabelle 10: Detailplanung Mesozyklus Woche 4 (eigene Darstellung)

Woche 4	Mo	Mi	Fr
Trainingsziel	GA2	GA1	GA1
Tr.-Methode	InDM	ExDM	exDM REKOM
Tr.-Intensität	75-85% Hfmax	60-75%Hfmax	50-60% Hfmax
Berechnete Herzfrequenz (Karvonen-Formel)	Pulsobergrenze: 164 S/min Pulsuntergrenze: 154S/min	Pulsobergrenze: 154S/min Pulsuntergrenze: 139S/min	Pulsobergrenze: 139S/min Pulsuntergrenze: 129S/min
Tr.-Dauer	35min	30min	30min
Tr.-Gerät	Fahrrad	Laufband	Stepper

Tabelle 11: Detailplanung Mesozyklus Woche 5 (eigene Darstellung)

Woche 5	Mo	Mi	Fr
Trainingsziel	GA1	GA1	GA2
Tr.-Methode	ExDM	ExDM	InDm
Tr.-Intensität	60-75% Hfmax	60-75% Hfmax	75-85% Hfmax
Berechnete Herzfrequenz (Karvonen-Formel)	Pulsobergrenze: 154S/min Pulsuntergrenze: 139S/min	Pulsobergrenze: 154S/min Pulsuntergrenze: 139S/min	Pulsobergrenze: 164 S/min Pulsuntergrenze: 154S/min
Tr.-Dauer	40min	35min	35min
Tr.-Gerät	Laufband	Stepper	Fahrrad

Tabelle 12:Detailplanung Mesozyklus Woche 6 (eigene Darstellung)

Woche 6	Mo	Mi	Fr
Trainingsziel	GA1	GA1	GA2
Tr.-Methode	ExDM	ExDM	VDM
Tr.-Intensität	60-75% Hfmax	60-75% Hfmax	70-80% Hfmax (70-75% Hfmax extensiv) (75-80% Hfmax intensiv)
Berechnete Herzfrequenz (Karvonen-Formel)	Pulsobergrenze: 154S/min Pulsuntergrenze: 139S/min	Pulsobergrenze: 154S/min Pulsuntergrenze: 139S/min	Pulsobergenze: 159S/min Pulsuntergrenze: 149S/min
Tr.-Dauer	35min	40min	25min 5:5
Tr.-Gerät	Stepper	Fahrrad	Laufband

3.3 Begründung zum Mesozyklus

3.3.1 Begründung des wöchentlichen Belastungsumfangs

Die ersten beiden Wochen starten mit einem niedrigen Belastungsumfang von zwei Trainingseinheiten pro Woche, da der Proband ein Anfänger ist. Sie dienen dazu, den Proband an eine regelmäßige Belastung heranzuführen. In Woche drei wird der Umfang auf drei Einheiten pro Woche erhöht, um den Probanden langsam an ein intensiveres Training heranzuführen und die Körperfettverbrennung zu steigern. Hierbei steht das Ziel „Gewichtsreduktion" im Vordergrund. In Woche vier sinkt der Wochenumfang nochmal wegen des REKOM Trainings. Der Umfang bleibt danach bis zum Ende des Mesozyklus

gleich, da dann die Intensitätssteigerung Priorität hat und der Proband nicht mehr als drei-
mal pro Woche Trainieren möchte. Eine Trainingseinheit dauert nicht länger als 40 Minuten, da der Proband Anfänger ist und angegeben hat, nicht länger als 45 Minuten trainieren zu wollen.

3.3.2 Begründung der gewählten Trainingsmethoden

Der Proband soll vorwiegend mit der Extensiven Dauermethode trainieren. Diese liegt an
der aeroben Schwelle und hat eine moderate Belastungsintensität für einen Anfänger (60-
75% Hfmax). Zum Erreichen des ersten Ziels der „Gewichtsreduktion" ist sie gut geeignet, da der aerobe Kohlenhydratstoffwechsel und mit zunehmender Dauer auch der Fettstoffwechsel zur Energiebereitstellung in Anspruch genommen werden. Bei dieser Methode wird auch die Herzarbeit ökonomisiert (periphere Durchblutung wird verbessert),
was dem zweiten Ziel des Probanden entspricht. Zudem hat die Methode eine positive
Wirkung auf die Senkung des Blutdrucks (Zintl & Eisenhut, 2001), was zu dem Ziel zur
Senkung des Blutdrucks des Probanden passt. Als zweite Methode wurde die intensive
Dauermethode gewählt, da hier besonders das Herz-Kreislauf-System angeregt wird und
sie für die Entwicklung der „Grundlagenausdauer 2" sorgt (Neumann, Pfützner, &
Berbalk, 2007, S. 131). Hierbei wird auch die maximale Sauerstoffaufnahme verbessert.
Die Variable Dauermethode wurde im letzten Zyklus gewählt, um den Probanden an ein
noch intensiveres Training heranzuführen, da das Training sich in der aeroben und anaeroben Schwelle bewegt. Zudem wird die Grundlagenausdauer mit dieser Methode stabilisiert. Insgesamt wurden diese drei Methoden gewählt, um den Probanden Schritt für
Schritt an ein intensives Training zu gewöhnen und bereits von Beginn an mit einem in-
tensiveren Training begonnen, da aufgrund des Leistungsstatus keine Kontraindikationen
für ein intensives Training vorhanden sind.

3.3.3 Begründung zur Belastungsprogression

Aufgrund der Formel, dass zuerst Häufigkeit, dann Umfang, dann Intensität gesteigert
werden sollen, wurde zuerst die Trainingshäufigkeit von Woche eins auf Woche zwei von
zwei auf drei Einheiten gesteigert. Es sind nicht mehr als drei Einheiten pro Woche, da
der Proband dies so angegeben hat. Danach wurde der Umfang (Trainingsdauer) langsam
erhöht. In Woche vier sinkt der Umfang nochmal durch das REKOM Training, um den
Probanden Regenerieren zu lassen. In Woche drei wurde die Intensität mit der Intensiven
Dauermethode und in Woche sechs mit der Variablen Dauermethode erhöht. Die Steige-
rungen erfolgen moderat, da der Proband Anfänger ist.

3.3.4 Begründung zu den angesteuerten Trainingsbereichen

Die meiste Zeit wird für die Grundlagenausdauer 1 angesteuert. Diese wird mit der Extensiven und Variablen Dauermethode trainiert. Diese liegt an der aeroben Schwelle und entspricht einer Intensität von ca. 2 mm/L. Die Intensität liegt bei 60-75% des Hfmax und ist demnach moderat für einen Anfänger (Hottentrott, 1997). Das Ziel ist der Aufbau der Grundlagenausdauer, da der Proband keinen Ausdauersport betreibt. Zudem wird der Fettstoffwechsel des Probanden aktiviert und die Funktion des Herz-Kreislaus-System wird ökonomisiert und stabilisiert, wodurch die ersten beiden Ziele erreicht werden. In Woche drei wird die Intensive Dauermethode dazu genommen, um die Grundlagenausdauer 2 zu entwickeln und die Intensität zu erhöhen. Die Laktatwerte liegen bei 3-6 mmol/L, also im aerob bis anaeroben Bereich (Neumann, Pfützner, & Berbalk, 2007, S. 131). In Woche vier wurde das REKOM Training gewählt, um den Probanden bei der aktiven Regeneration zu Unterstützen und für die nachfolgenden intensiven Trainingseinheiten vorzubereiten. Der Laktatspiegel liegt unter 2 mmol/l (Hottentrott K. , 2006; Zintl & Eisenhut, 2001). Die Dauer des REKOM Training wurde auf 30 min. angelegt, da die Dauer von 45 min. nicht überschritten werden soll (Hottentrott, 1997; Hottentrott K. , 2006). Somit liegt die Verteilung ab der dritten Woche bei 2/3 GA1- und 1/3 GA2-Training, was ein moderates Be- und Entlastungsverhältnis für den Probanden darstellt.

3.3.5 Begründung der ausgewählten Ausdauergeräte bzw. Bewegungsformen

Als Einstieg in das Ausdauertraining dient das Fahrrad, da es auch im Test verwendet wurde. Es ist für viele Altersstufen geeignet und die Bewegungstechnik sehr einfach. Vorwiegend wurde später das Laufband gewählt, zur Unterstützung des Trainingsziels „Gewichtsreduktion". Beim Laufen werden mehr Kalorien verbrannt als beim Fahrradfahren, da mehr Muskeln an der Bewegung beteiligt sind und so die Cardiopulmonale Beanspruchung höher ist. Zudem wird beim Laufen das Herz-Kreislauf-System beansprucht, sodass es dort auch zu schnellen Anpassungen kommen wird, um die Herzarbeit zu ökonomisieren und den Blutdruck zu senken. Der Abwechslung wegen wurde der Stepper mit in den Mesozyklus genommen, beim Stepper werden auch viele Kalorien verbrannt, da die Arme mit in Bewegung sind. An allen ausgewählten Geräten ist zudem eine individuelle Belastungsdosierung möglich.

4 Effekte des Ausdauertrainings bei Adipositas

4.1 Vergleich zweier Studien zum Thema Effekte des Ausdauertrainings bei Adipositas

Tabelle 13: Vergleich zweier Studien zum Thema Effekte des Ausdauertrainings bei Adipositas (eigene Darstellung)

	Hoch-Intensitäts-Intervalltraining in der realen Welt: Ergebnisse einer 12-Monats-Intervention bei übergewichtigen Erwachsenen (Roy, et al., 2018)	Intervalltraining mit nüchternem oder gesättigtem Zustand verbessert die Körperzusammensetzung und die Muskeloxidationskapazität bei übergewichtigen Frauen (Gillen, Percival, Ludzki, Tarnopolsky, & Gibala, 2013)
Wer hat die Studie durchgeführt?	Roy et al.	Gillen et al.
In welchem Jahr wurde die Studie publiziert?	2018	2013
Welche Forschungsfrage wurde untersucht?	Ist HIT-Training eine Alternative für Übergewichtige Personen? Können Übergewichtige Menschen HIT-Training ohne Unterstützung durchführen? Führt Überwachtes HIT-Training zur Verbesserung der Fitness, Körperzusammensetzung und der Blutinzidenz? Steigert HIT die Selbstwirksamkeit für körperliche Aktivität? Steigert sich die Freude an körperlicher Aktivität?	Besteht ein Unterschied zwischen FAST (nüchtern) und FED (satt) Training? Ist Kurzzeit HIT-Training mit geringem Volumen effizient, um die Körperzusammensetzung und Oxidationskapazität der Muskeln zu verbessern? Wie verändert sich die Stoffwechselkapazität der Skelettmuskulatur und die Insulinsensitivität?
Mit welchen Versuchspersonen wurde die Studie durchgeführt?	250 Übergewichtige Erwachsene. Die Teilnehmer wurden über eine Ausschreibung rekrutiert und über mehrere Tests ausgewählt. Die Teilnehmer waren 18 Jahre und älter und hatten einen BMI von >27kg m^2, keine Herz-Kreislauf-Erkrankungen.	16 Übergewichtige Frauen mit einem durchschnittlichen BMI von 29kg m^2 und durchschnittlichen Alter von 27 Jahren. Die Frauen wurden aufgrund ihrer selbst berichteten körperlichen Aktivität, die aus weniger als 2 Sitzungen/Woche für maximal 30 Minuten bestand, als sitzend eingestuft.
Wie sah der Versuchsaufbau der Studie aus?	-60-Minütige Vorbereitungssitzung auf dem Fahrradergometer: drei Intervalle von bis zu 30 Sekunden Dauer. Die Herzfrequenz wurde überwacht, bis die Teilnehmer 80-90% ihres HRmax erreicht haben (Formel: 220-Alter).	-Der Ablauf bestand aus drei Phasen: (1) Basistest, (2) 6-wöchiges HIT-Protokoll und (3) Messungen nach sechs Wochen. -Das HIT-Training beinhaltete 18 Überwachte Einheiten über sechs Wochen (Montag, Mittwoch, Freitag).

	Hoch-Intensitäts-Intervalltraining in der realen Welt: Ergebnisse einer 12-Monats-Intervention bei übergewichtigen Erwachsenen (Roy, et al., 2018)	Intervalltraining mit nüchternem oder gesättigtem Zustand verbessert die Körperzusammensetzung und die Muskeloxidationskapazität bei übergewichtigen Frauen (Gillen, Percival, Ludzki, Tarnopolsky, & Gibala, 2013)
	-Die Teilnehmer durften sich zwischen HIT-Training und 30 Minuten Training mit moderater Intensität entscheiden. -Die HIT-Teilnehmern erhielten eine einzige Schulungssitzung und wurden angewiesen, HIT dreimal pro Woche für 21-24 Minuten selbstständig durchzuführen mit 80% der HRmax (mit verschiedenen Trainingsplänen: Treppen, Laufen, Fahrräder, Crosstrainer, Rudergeräte...). -Die Einhaltung des Trainings wurde folgend definiert: Partielles Einhalten definiert eine einzige HIT-Einheit in drei oder mehreren Überprüfungsperioden und Nichtbefolgen wurde als weniger als dieser Werte definiert.	-Jede Einheit bestand aus einem drei minütigem Warm-up, dann 10x60 Sekunden auf dem Fahrradergometer und anschließend 60 Sekunden Erholung bei 50 Watt. Das Ergometer war im Konstant-Watt-Modus mit einer Trittfrequenz von 80-100 U/min eingestellt. Während der Belastung wurde eine Herzfrequenz von ~90%HRmax gehalten. Im Anschluss gab es ein zwei minütiges Cool-down. Die Gesamtdauer betrug 25 min. Alle Trainingseinheiten wurden morgens von 7:00 Uhr bis 10:00 durchgeführt.
Welche relevanten Ergebnisse und Schlussfolgerungen liefert die Studie?	Es entschieden sich 42% der Teilnehmer, HIT-Training mit moderater Intensität täglich durchzuführen, diesem Ergebnis nach ist HIT eine Trainings-Alternative für Übergewichtige (mit moderater Intensität). Übergewichtige können das Training in angemessener Intensität (mehr als 80% der HRmax) unter Aufsicht durchführen, jedoch zeigt die Studie, dass wenn HIT nicht durch einen Trainer unterstützt wird, die Mehrheit der Übergewichtigen Teilnehmer nach 12 Monaten keinen zusätzlichen gesundheitlichen Nutzen aus diesem Training zieht. Die Studie zeigt, dass eine Gewichtsabnahme nur bei dreimal wöchentlichem Training möglich ist. Teilnehmer, die konsequent dreimal pro Woche trainierten haben mehr Gewicht (-2,7kg) und Fettvolumen (-293cm-3) abge-	Die Körpermasse blieb nach dem Training unverändert, jedoch wurden niedrigere Fettprozentsätze in Bauch- und Beinregion erzielt. HIT-Training erzielte auch eine Reduktion abdominaler Fettmasse und der gesamten Körperfettmasse. Glukosewerte waren nach dem Training niedriger aber es gab keine Veränderung der Insulinaktivität. Die Stoffwechselkapazität der Skelettmuskulatur nahm um 23% zu. HIT-Training stellt nach dieser Studie eine zeiteffiziente Alternative zur Verbesserung der Körperzusammensetzung dar. Es gab keine signifikanten Unterschiede zwischen FED und FAST Training.

Hoch-Intensitäts-Intervalltraining in der realen Welt: Ergebnisse einer 12-Monats-Intervention bei übergewichtigen Erwachsenen (Roy, et al., 2018)	Intervalltraining mit nüchternem oder gesättigtem Zustand verbessert die Körperzusammensetzung und die Muskeloxidationskapazität bei übergewichtigen Frauen (Gillen, Percival, Ludzki, Tarnopolsky, & Gibala, 2013)
nommen als Teilnehmer, die inkonsequent trainiert haben. Es gab keine signifikanten Veränderungen des Blutdrucks bei allen Teilnehmern. Die Selbstwirksamkeit für körperliche Aktivität war bei konsequenten Teilnehmern höher, allerdings war die Freude an körperlicher Aktivität bei konsequenten Teilnehmern niedriger.	

5   Literaturverzeichnis

Gillen, Percival, Ludzki, Tarnopolsky, & Gibala. (21. November 2013). Interval training in the fed or fasted state improves body composition and muscle oxidative capacity in overweight women. *Obesity Volume 21, Issue 11*, S. 2249-2255.

Hottentrott. (1997). *Ausdauertraining. Intelligent effektiv erfolgreich (4. Aufl.).* Lüneburg: Wehdemeier & Pusch.

Hottentrott, K. (2006). *Trainingskontrolle mit Herzfrequenz-Messgeräten (1.Aufl.).* Aachen: Meyer&Meyer.

IPN. (2004). *IPN-Test- Ausdauertest für den Fitness- und Gesundheitssport* . Köln: Institut für Prävention und Nachsorge.

Mancia, G., Backer, G., Dominiczak, G., Cifkova, A., Fagard, R., & Germano, G. (1. June 2007). Guidelines for the management of arterial hypertension: The Task Force for the Management of Arterial Hypertension of the European Society of Hypertension (ESH) and of the European Society of Cardiology (ESC). *European Heart Journal*, S. 1462–1536. Von https://academic.oup.com/eurheartj/article/28/12/1462/2844990 abgerufen

Neumann, Pfützner, & Berbalk. (2007). *Optimiertes Ausdauertraining (5.überarb.Auflage).* Aachen: Meyer&Meyer.

Roy, Williams, Brown, Meredith-Jones, Osborne, Jospe, & Taylor. (September 2018). High-Intensity Interval Training in the Real World: Outcomes from a 12-Month Intervention in Overweight Adults. *Med Sci Sports Exerc*, S. 1818-1826.

WHO. (2008). *World Health Organisation.* Von https://www.who.int/gho/ncd/risk_factors/bmi_text/en/ abgerufen

Zintl, & Eisenhut. (2001). *Ausdauertraining. Grundlagen Methoden Trainingssteuerung (5.überarb.Aufl.).* München: BLV.

6 Abbildungs- und Tabellenverzeichnis

6.1 Abbildungsverzeichnis

6.2 Tabellenverzeichnis